RÈGLEMENT

OU

ALPHABET FRANÇAIS

POUR

LES ENFANS QUI FRÉQUENTENT

LES

ÉCOLES CHRÉTIENNES.

Augmenté des principaux Devoirs
d'un Chrétien.

A TROYES,

CHEZ Vᵉ ANDRÉ ET ANNER, LIBRAIRES,

PLACE DE L'HÔTEL-DE-VILLE, Nº 5.

—

1832. 

RÈGLEMENT

OU

ALPHABET FRANÇAIS

POUR

LES ENFANS QUI FRÉQUENTENT

LES

ÉCOLES CHRÉTIENNES.

Augmenté des principaux Devoirs
d'un Chrétien.

A TROYES,

CHEZ Vᵉ ANDRÉ ET ANNER, LIBRAIRES,

PLACE DE L'HÔTEL-DE-VILLE, Nº 5.

—

1832.

ALPHABET.

abcdefgh
ijklmnopqr
ſtuvxyz.

LETTRES DOUBLES.

æ œ fi ffi fl ffl

LETTRES CAPITALES.

ABCDEFGHIJK
LMNOPQRSTU
VXYZÆOEW.

VOYELLES.

a e i o u et y.

Ba	be	bi	bo	bu
Ca	ce	ci	co	cu
Da	de	di	do	du
Fa	fe	fi	fo	fu
Ga	ge	gi	go	gu
La	le	li	lo	lu
Ma	me	mi	mo	mu
Na	ne	ni	no	nu
Pa	pe	pi	po	pu
Qua	que	qui	quo	quu
Ra	re	ri	ro	ru
Sa	se	si	so	su
Ta	te	ti	to	tu
Va	ve	vi	vo	vu
Xa	xe	xi	xo	xu

Za	ze	zi	zo	zu
Ab	eb	ib	ob	ub
Ac	ec	ic	oc	uc
Ad	ed	id	od	ud
Af	ef	if	of	uf
Ag	eg	ig	og	ug
Al	el	il	ol	ul
Abs	ebs	ibs	obs	ubs
Als	els	ils	ols	uls
Ams	ems	ims	oms	ums
Bab	beb	bib	bob	bub
Dad	ded	did	dod	dud
Lal	lel	lil	lol	lul
Pap	pep	pip	pop	pup
Rar	rer	rir	ror	rur

Sas ses sis sos sus
Vas ves vis vos vus
Papa. maman. nanan.
dada. toutou. joujou.
gâteau. jardin. raisin.
abricot balance. con-
fiance. brûlure. con-
fiture. noisette. ros-
signol. réglisse. ridi-
cule. artifice. béné-
fice. humilité. doci-
lité. honnêteté.
bienveillance. extra-
vagance. illumi-
nation.

PREMIÈREMENT.

Re-tour-nez de l'é-co-le à la mai-son sans vous ar-rê-ter par les rues, mo-des-te-ment, c'est-à-di-re, sans cri-er ni of-fen-ser per-son-ne. Au con-trai-re, si l'on vous in-ju-rie et of-fen-se, en-du-rez-le pour l'a-mour de No-tre-Sei-gneur, et di-tes en vous-mê-me : Di-eu vous don-ne la grâ-ce de vous re-pen-tir de vo-tre fau-te, et vous par-don-ne com-me je vous par-don-ne.

2. Gar-dez-vous bi-en de ju-rer, de blas-phé-mer, ni de

di-re des pa-ro-les sa-les et vi-lai-nes, ni de fai-re au-cu-ne ac-ti-on dés-hon-nê-te.

3. Quand vous pas-sez de-vant quel-que Croix, ou quel-que I-ma-ge de No-tre Sei-gneur, de No-tre Da-me, ou des Saints, fai-tes une in-cli-na-ti-on, le-vant le cha-peau, ou au-tre-ment.

4. Quand vous ren-con-tre-rez quel-que per-son-ne de vo-tre con-nois-san-ce, sa-lu-ez-la le pre-mi-er, par-ce que c'est une ac-ti-on d'hon-nê-te-té.

5. Sa-lu-ez les per-son-nes

que vous ren-con-tre-rez ,
se-lon la cou-tu-me du lieu ,
et se-lon l'in-struc-ti-on
qu'on vous au-ra don-née.

6. Quand vous en-tre-rez
chez vous ou en quel-qu'au-
tre mai-son, fai-tes une in cli-
na-ti-on, sa-lu-ant ceux que
vous y trou-ve-rez.

7. Quand vous com-men-
ce-rez quel-que ou-vra-ge, ou
quel-que bon-ne ac-ti-on ,
fai-tes dé-vo-te-ment le si-gne
de la sain-te Croix, a-vec in-
ten-ti-on de fai-re, au nom de
Di-eu, et pour sa gloi-re, ce
que vous al-lez fai-re.

8. Quand vous par-lez a-vec des per-son-nes res-pec-ta-bles, ré-pon-dez hon-nê-te-ment, a-vec po-li-tes-se : oui, Mon-si-eur, ou Ma-da-me : non, Mon-si-eur, etc. se-lon qu'on vous in-ter-ro-ge-ra.

9. Si ceux qui ont pou-voir sur vous, vous com-man-dent quel-que cho-se qui soit hon-nê-te, et que vous puis-si-ez fai-re, obé-is-sez-leur vo-lon-ti-ers et promp-te-ment.

10. Si l'on vous com-man-dait de di-re quel-ques pa-ro-les, ou de fai-re quel-que

ac-ti-on mau-vai-se, ré-pon-dez que vous ne le pou-vez point fai-re, d'au-tant que ce-la dé-plaît à Di-eu.

11. Quand vous vou-drez dî-ner ou sou-per, la-vez-vous pre-mi-è-re-ment les mains; puis di-tes le BE-NE-DI-CI-TE, ou au-tre Bé-né-dic-ti-on, a-vec pi-é-té et mo-des-tie.

12. Lors-que vous vou-drez boi-re, pro-non-cez tout bas le Saint nom de JÉ-SUS.

13. Tou-tes les fois que vous nom-me-rez, ou en-ten-drez nom-mer JÉ-SUS ou MA-

RIE, vous fe-rez une pe-ti-te in-cli-na-ti-on.

14. Gar-dez-vous bi-en, à ta-ble ou ail-leurs, de de-man-der, de pren-dre et de sous-trai-re en ca-chet-te, ou au-tre-ment, ce qu'on au-ra don-né à man-ger aux au-tres, et mê-me vous ne le de-vez pas re-gar-der a-vec en-vie.

15. Quand on vous don-ne-ra quel-que cho-se, re-mer-ci-ez hon-nê-te-ment ce-lui ou cel-le qui vous l'au-ra don-né.

16. Ne vous as-sey-ez

point à ta-ble, si l'on ne vous le commande.

17. Man-gez et bu-vez dou-ce-ment et hon-nê-te-ment, sans a-vi-di-té et sans ex-cès.

18. A la fin de cha-que re-pas, di-tes dé-vo-te-ment les grâ-ces, et a-près la-vez-vous en-co-re les mains.

19. Ne sor-tez point de la mai-son, sans de-man-der et sans ob-te-nir con-gé.

20. N'al-lez point a-vec les en-fans vi-ci-eux et mé-chans, car ils vous peu-vent nu-ire pour le corps et pour l'â-me.

21. Quand vous a-vez em prun-té quel-que cho-se, ren-dez-le de bon-ne heu-re, et n'at-ten-dez pas qu'on vous le de-man-de.

22. Lors-que vous au-rez à par-ler à quel-que per-son-ne res-pec-ta-ble qui se-ra oc-cu-pée, pré-sen-tez-vous mo-des-te-ment, at-ten-dant qu'elle ait loi-sir de vous par-ler, et qu'elle vous de-man-de ce que vous lui vou-lez.

23. Si quel-qu'un vous re-prend, ou vous don-ne quel-que a-ver-tis-se-ment, re-mer-ci-ez-le po-li-ment,

24. Ne tu-toy-ez per-son-
ne, non pas mê-me les ser-
vi-teurs et ser-van-tes, ni les
pau-vres aus-si.

25. Al-lez au de-vant de
ceux qui en-trent chez vous,
soit do-mes-ti-ques, soit é-
tran-gers, pour les sa-lu-er,
et les re-ce-voir.

26. Si quel-qu'un de ceux
de la mai-son, ou au-tre, dit
ou fait quel-que cho-se de
dés-hon-nê-te, ou in-di-gne
d'un chré-ti-en, en vo-tre
pré-sen-ce, re-pre-nez-le
a-vec dou-ceur.

27. Quand les pau-vres

de-man-dent à vo-tre por-te,
pri-ez vo-tre pè-re ou vo-tre
mè-re, ou ceux chez qui
vous de-meu-rez, de leur
fai-re l'au-mô-ne pour l'a-
mour de Di-eu.

28. Le soir a-vant que de
vous al-ler cou-cher, a-près a-
voir sou-hai-té le bon-soir
à vos pè-re et mè-re, ou au-
tres, met-tez-vous à ge-noux
au-près de vo-tre lit, ou de-
vant quel-que I-ma-ge, et di-
tes les pri-è-res mar-quées
dans les de-voirs des fa-mil-
les chré-tien-nes. A-près, pre-
nez de l'eau bé-ni-te et fai-tes

le si-gne de la sain-te Croix.

29. Le ma-tin en vous le-vant, fai-tes le si-gne de la sain-te Croix, et é-tant ha-bil-lé, met-tez-vous à ge-noux et di-tes les pri-è-res mar-quées en la page sus-di-te. A-près, al-lez don-ner le bon-jour à vos pè-re et mè-re, et au-tres de la mai-son.

30. Tous les jours, si vous le pou-vez, en-ten-dez la sain-te Mes-se dé-vo-te-ment, et à ge-noux; et le-vez-vous, quand le Prê-tre dit l'E-van-gi-le.

31. Quand vous en-ten-

drez son-ner l'A-ve, Ma-ri-a,
ré-ci-tez dé-vo-te-ment l'An-
ge-lus.

32. Soy-ez tou-jours prêt
à al-ler vo-lon-ti-ers à l'é-co-le,
et ap-pre-nez soi-gneu-se-
ment les cho-ses que vos maî-
tres vous en-sei-gnent; soy-ez
leur bi-en o-bé-is-sant et res-
pec-tu-eux.

33. Gar-dez-vous bi-en de
men-tir en quel-que ma-ni-è-re
que ce soit : car les men-teurs
sont les enfans du dé-mon,
qui est le pè-re du men-son-ge.

34. Sur-tout gar-dez-vous
de déro-ber au-cu -ne cho-se

ni chez vous, ni ail-leurs; parce que c'est of-fen-ser Di-eu;
c'est se rén-dre o-di-eux à
cha-cun, et pren-dre le che-
min d'u-ne mort in-fâ-me.

35. Pré-sen-tez-vous vo-
lon-ti-ers et sou-vent à la con-
fes-si-on et à la com-mu-ni-
on, y é-tant bi-en pré-pa-ré,
a-fin que vous de-ve-ni-ez à
tou-te heu-re plus dé-vot et
plus sa-ge, fuy-ant le pé-ché,
et ac-qué-rant les ver-tus.

36. En-fin tous vos prin-
ci-paux soins et dé-sirs, tan-
dis que vous vi-vez en ce
monde, doi-vent vi-ser à

vous ren-dre a-gré-a-ble à
Di-eu, et à ne le point of-
fen-ser, a-fin qu'a-près cet-te
vie mor-tel-le vous pu-is-si-ez
é-vi-ter l'en-fer et pos-sé-der
la gloi-re du Pa-ra-dis. Ain-si
soit-il.

~~~~~~

Les bénédictions que Dieu donne aux enfans qui sont pieux et respectueux envers leurs pères et mères.

HONORE ton père et ta mère, afin que tu vives long-temps sur la terre. Cette première bénédiction donne l'espérance d'une longue et heureuse vie.

Celui qui honore son père
~~~~~~

et sa mère sera joyeux et con-
tent en ses enfans, et sera ex-
aucé au temps de son oraison.

Cette bénédiction promet
l'allégresse et le contente-
ment que l'on reçoit des enfans de qui nous avons l'e-
xemple en Joseph, fils de
Jacob, qui pour avoir été
obéissant à son père, et pour
l'honneur qu'il lui avait ren-
du, reçut des joies et des
contentemens très-grands de
ses propres enfans, lesquels
furent aussi bénis de Jacob
leur grand-père, en la pré-
sence de Joseph leur père.

Celui qui honore son père et sa mère, s'amasse un trésor au ciel et en la terre.

Cette bénédiction regarde les biens spirituels et temporels que Dieu donne aux bons enfans, de quoi Salomon nous servira d'exemple, lequel porta toujours beaucoup d'honneur à son père et à sa mère : c'est pourquoi il vécut très-heureux et très-riche, sur un trône florissant; comme Absalon, son frère, pour avoir désobéi et maltraité son père, fut percé de trois dards, et tué par Joab, général de l'armée de David. Celui qui honore son père et sa mère, sera rempli de grâces célestes jusqu'à la fin. Cette bénédiction concerne les biens spirituels, de laquelle nous avons un merveilleux exemple en Jacob, fils d'Isaac, qui ayant été béni de son père, fut élu de Dieu et très-agréable à sa divine Majesté, et rempli de toutes sortes de grâces. Au contraire, son frère Esaü fut malheureux et réprouvé. Honore ton père, afin que la bénédiction du ciel descende sur toi, et que tu sois béni. Dieu donne particulièrement cette bénédiction aux enfans obéissans. Mais qu'est-ce autre chose être béni de Dieu , sinon recevoir de lui sa sainte grâce, par le moyen de laquelle nous lui agréons comme ses enfans.

~~~~~~

Malédictions que Dieu fulmine sur les enfans qui ne portent ni honneur ni obéissance à leurs pères et mères.

QUE celui qui maudira son père ou sa mère meure de mauvaise mort, et que son sang soit sur lui : cette malé-
~~~~~~

diction est confirmée par la bouche de Dieu.

Auquel lieu Dieu commande que, si quelque père est si malheureux que d'engendrer un fils désobéissant, rebelle et pervers, tout le peuple de la ville massacre à coups de pierres ce méchant enfant, et le fasse mourir. A ces paroles, maudit soit celui qui n'honore pas son père et sa mère, le peuple répondit : Amen.

✝ Au nom du Père, et du Fils, et du Saint-Esprit. Ainsi soit-il.

L'ORAISON DOMINICALE.

NOTRE PÈRE, qui êtes dans les Cieux, que votre nom soit sanctifié; que votre règne arrive; que votre volonté soit faite en la terre comme au Ciel. Donnez-nous aujourd'hui notre pain de chaque jour; et pardonnez-nous nos offenses comme nous pardonnons à ceux qui nous ont offensés; et ne nous laissez point succomber en la tentation; mais délivrez-nous du mal. Ainsi soit-il.

LA SALUTATION ANGÉLIQUE.

Je vous salue, MARIE, pleine

de grâce, le Seigneur est avec vous; vous êtes bénie entre toutes les femmes, et Jésus, le fruit de vos entrailles, est béni.

Sainte Marie, mère de Dieu, priez pour nous, pauvres pécheurs, maintenant et à l'heure de notre mort. Ainsi soit-il.

LA PROFESSION DE FOI.

Je crois en Dieu, le Père tout-puissant, Créateur du Ciel et de la Terre; et en Jésus-Christ son fils unique, Notre-Seigneur, qui a été conçu du Saint-Esprit, est né de la Vierge Marie : a souffert sous Ponce-Pilate, a été crucifié : est mort et a été enseveli : est descendu aux enfers, le troisième jour est ressuscité des morts : est monté aux Cieux, est assis à la droite de Dieu le Père tout-puissant, d'où il viendra juger les vivans et les morts.

Je crois au Saint-Esprit ; la sainte Eglise catholique ; la communion des Saints ; la rémission des péchés ; la résurrection de la chair ; la vie éternelle. Ainsi soit-il.

LA CONFESSION DES PÉCHÉS.

Je confesse à Dieu tout-puissant, à la bienheureuse Marie, toujours Vierge, à Saint Michel Archange, à Saint Jean-Baptiste, aux Apôtres Saint Pierre et Saint Paul, à tous les Saints, et à vous, mon Père, que j'ai beaucoup péché par pensées, par paroles, par actions et par omissions; c'est ma faute, c'est ma faute, ma très-grande faute. C'est pourquoi je supplie la bienheureuse MARIE, toujours Vierge, Saint Michel Archange, Saint Jean-Baptiste, les Apôtres Saint Pierre et Saint Paul, tous les Saints, et vous, mon Père, de prier pour moi le Seigneur notre DIEU.

Que DIEU tout-puissant nous fasse miséricorde ; et que nous ayant pardonné nos péchés, il nous conduise à la vie éternelle. Ainsi soit-il.

PRIÈRE DE SAINT BERNARD

A LA TRÈS-SAINTE VIERGE.

SOUVENEZ-VOUS, ô très-pieuse Vierge Marie! qu'on n'a jamais ouï dire qu'aucun ait été délaissé de tous ceux qui ont eu recours à votre protection, imploré votre secours et demandé vos suffrages. Animé de cette confiance, ô Vierge, Mère des Vierges! je cours et je viens à vous, et gémissant sous le poids de mes péchés, je me prosterne à vos pieds. O Mère de Jésus mon Sauveur! ne méprisez pas mes prières, mais écoutez-les favorablement, et faites que Dieu m'exauce et me pardonne mes fautes par votre intercession. Ainsi soit-il.

AUTRE PRIÈRE A LA SAINTE VIERGE.

BÉNIE soit la très-pure, très-sainte et très-immaculée Conception de la glorieuse Vierge Marie, Mère de Dieu, à jamais!

ABRÉGÉ DES PRINCIPAUX DEVOIRS
D'UN CHRÉTIEN.

Devoirs envers Dieu, les Saints et les Choses Saintes.

1. Tout Chrétien doit adorer Dieu, et n'adorer que lui, c'est-à-dire, le reconnaître seul pour son Créateur, son Souverain et sa dernière fin.

2. Il doit croire, sans hésiter, tout ce que Dieu a révélé à son Eglise.

3. Il doit espérer en lui, et ne se jamais défier de sa providence ni de sa miséricorde.

4. Il doit l'aimer de tout son cœur, et le préférer à toutes choses.

5. Il le doit prier avec respect matin et soir.

6. Il doit lui être fidèle au péril même de sa vie.

7. Il doit plus craindre de l'offenser que tous les maux les plus terribles.

8. S'il l'a offensé, il doit en avoir un

très-grand regret , et marquer sa douleur par une véritable pénitence.

9. Il doit rendre les mêmes devoirs à Jésus-Christ, parce qu'il est Dieu.

10. Il doit les mêmes choses au saint Sacrement, parce que Jésus-Christ y est réellement contenu.

11. Il doit honorer la Sainte Vierge au-dessus de tous les Saints, parce qu'elle est la Mère de Dieu.

12. Il doit respect, obéissance et invocation à son Ange, et à son saint Patron; et, après eux, il doit respecter tous les Saints.

13. Il doit révérer les images de Jésus-Christ et des Saints, non pas à cause du papier, du bois ou de la pierre dont elles sont faites, mais à cause de ce qu'elles représentent : par exemple, dans un Crucifix, on n'adore pas le bois ni le papier, mais J.-C. qui y est représenté.

14. Il doit aussi révérer les reliques

des Saints, par le rapport qu'elles ont à ceux dont elles sont les restes.

15. Enfin il doit honorer tout ce qui a rapport à Dieu, comme sa parole, son nom, les personnes qui lui sont consacrées, les Eglises qui lui sont dédiées, les cérémonies qui sont instituées à son honneur, etc.

Devoirs envers le Prochain.

1. Tout Chrétien doit aimer son prochain comme soi-même.

2. Il ne doit jamais faire aucun mal, aucun tort à son bien ni à son honneur; au contraire, il doit lui faire tout le bien, et lui rendre tous les service possibles.

3. Il ne doit jamais écouter les médisans.

4. Il ne doit jamais faire de jugemens téméraires, ni avoir d'envie contre personne.

5. Il ne doit jamais contribuer ni consentir à aucune injustice ni méchanceté.

6. Il doit l'assister dans ses nécessités jusqu'à s'incommoder soi-même.

7. Il doit supporter avec patience et douceur ses défauts et ses infirmités de corps et d'esprit,

8. Il doit lui pardonner très-sincèrement les offenses qu'il en a reçues, quelles qu'elles puissent être.

9. Il doit aimer ses ennemis, prier pour eux et leur faire du bien.

10. Il doit corriger charitablement son prochain, s'il le voit tomber en quelque faute, surtout si son âge, sa condition ou sa charge lui donnent quelqu'autorité sur lui.

11. Il doit l'édifier par l'exemple d'une bonne vie.

12. Il doit payer ses dettes, s'il lui est possible.

Devoirs envers soi-même.

1. Tout Chrétien doit avoir un très-grand soin du salut éternel de son âme, et ne se pas presque soucier de son corps.

2. Il doit combattre incessamment ses vices et ses mauvaises inclinations.

3. Il doit faire pénitence sans délai, et se châtier lui-même des péchés dont il se sent coupable.

4. Il doit se tenir sur ses gardes et retrancher absolument tout ce qui peut lui être une occasion de pécher.

5. Il doit fuir les délices et les voluptés du corps, comme un poison.

6. Il ne doit rien tant estimer que de travailler et de souffrir pour J.-C.

7. Il doit mépriser les honneurs, les biens et les plaisirs du monde, aimer l'humilité, la pauvreté et la croix.

Devoirs des enfans envers leurs Pères et Mères.

1. LES Enfans doivent honorer leurs Pères et Mères, à tout âge et en tout état.

2. Ils doivent leur obéir en toutes choses où Dieu n'est point offensé.

3. Ils leur doivent amour et res-

pect, dans les châtimens comm(
les caresses.

4. Ils doivent éviter avec gran
de les attrister ou de les mett
colère.

5. Ils doivent les assister dan
besoins jusqu'à tout vendre pou

6. Ils doivent après leur mor
et faire prier Dieu pour le re
leur âme, et exécuter ponct
ment leurs dernières volontés.

Prière que l'on doit dire matin et

Esprit-saint, venez en nous, e
plissez nos cœurs de votre amou
que par votre secours nous fassion
prière avec la piété, l'attention et
pect que nous devons à notre D
notre Père et à notre Juge, à q
osons l'adresser ; par Jésus-Christ
Seigneur, qui vit et règne dans t
siècles des siècles. Ainsi soit-il.

TROYES, IMP. D'

OUVRAGES A BAS PRIX,

A L'USAGE DES ÉCOLES,

A TROYES, CHEZ Vᵉ ANDRÉ ET ANNER.

Alphabet latin, en gros caractère.

—— français, en gros et moyen caractères.

Nouvel alphabet en français, divisé par syllabes.

Second alphabet en français, à l'usage des écoles.

Abécédaire des arts et métiers, avec grav. beau pap.

— — des animaux,   *id.*   *id.*

Pensées Chrétiennes, pour tous les jours du mois.

Longuettes ou Heures de N.-D. caractères neufs.

Psautier complet, augmenté de l'Office de la Sainte Vierge, de la manière de servir le Prêtre à la Messe, etc.

Devoirs du Chrétien, nouv. édit., conforme à celle en usage dans les maisons des Frères, gros caract. neufs, beau papier.

Epîtres et Evangiles, augmentées de la Messe, None, Vêpres et Complies, papier blanc.

Ancien et Nouveau Testament, nouvelle édition.

Règles Chrétiennes, augmentées de l'Ordinaire de la Messe, très-belle édition.

Catéchisme historique de FLEURY.

Grammaire française de LHOMOND, édit. augmentée.

Règles de la Bienséance et de la Civilité chrétiennes, par DE LA SALLE; beau papier.

Civilité puérile et honnête.

Abrégé d'Arithmétique décimale, édition augmentée.

Catéchisme du Diocèse.

Cantiques de Saint Sulpice, belle édition.

Morale en action, avec de jolies gravures.

Aventures de Télémaque, par FÉNÉLON; belle édition.